Natale Roviglio

Cagliostro

Ein Lustspiel von fünf Handlungen

Natale Roviglio

Cagliostro
Ein Lustspiel von fünf Handlungen

ISBN/EAN: 9783743327542

Hergestellt in Europa, USA, Kanada, Australien, Japan

Cover: Foto ©Thomas Meinert / pixelio.de

Manufactured and distributed by brebook publishing software (www.brebook.com)

Natale Roviglio

Cagliostro

Cagliostro.

Ein Lustspiel von fünf Handlungen.

Quem nostrum jactat sæculum describere fas sit ad normam veri.

1791.

Graf Cagliostro.

Gräfin Cagliostro.

Baron Oblingher, Hausinhaber des Cagliostro und Vater der

Wilhelmine, die sich wahnsinnig stellt.

Telberth, ein armer Edelmann, und Liebhaber der Wilhelmine.

Doktor Niklas, ein unwissender Arzt von Basel.

Kaspar, Diener des Cagliostro.

Lisette, Dienerinn der Wilhelmine.

Walter, ein einsamer Philosoph.

Ein Krummer.

Ein Lahmer.

Ein Gerichtsdiener.

Vier Damen, die nicht sprechen, und mehr andere zur Handlung gehörige stumme Personen.

Das Stück spielt im Hause des Baron Oblingher in der Stadt Basel.

Vorbericht
des
Uibersetzers.

Der Verfasser dieses Lustspieles versichert in seiner Vorrede, daß er den Stoff dazu aus einer wirklichen Geschichte genommen habe; daß alles, was er hier dem **Cagliostro** zur Last zu legen scheint, bloß Thatsache sey, und daß Basel darüber Zeugniß geben könne. Ohne sich die Miene des Schiedsrichters zu geben, legt man dem Publikum dieses Lustspiel im deutschen Gewande vor, und läßt jedem, nach seiner vorgefaßten Meinung, über den **Cagliostro** und den Verfasser gegenwärtiger Piece, nach Belieben sein Urtheil fällen. Was den Uiberseßer belangt, so hat er sich pünktlich an den Geist des Originals gehalten; nur hat er, der Localität wegen, einige italienische Nahmen der spielenden Personen in deutsche verwandelt, und im Dialoge selbst hier und da manche schleppende, unbedeutende, oder oft gar nicht zur Sache gehörige Stelle weggeschnitten. Dafür aber glaubt er eher Lob als Tadel zu verdienen.

Erster Aufzug.

Erster Auftritt.

Es ist Nacht. Ein Saal in dem Hause des Barons, worin auf einem Tische zwey Lichter brennen.

Gräfin Cagliostro und Baron Oblingher.
(Beyde sitzend.)

Gräfin.

So ists, lieber Baron, die Wunderthaten meines Gemahls haben die ganze Welt in Erstaunen gesetzt; noch gab es keinen Mann wie ihn. Wenn Ihre Bemerkungen richtig wären, wie hätte er sich das allgemeine Zutrauen, die Erkenntlichkeit und Gunst so vieler Standespersonen verdienen können? Würde ihn die Menge Volkes wohl umringen, und ihm ihre Verehrung bezeugen? Glauben Sie mirs Baron, nur die Wahrheit behauptet ihre Rechte, und darf mit offner Stirne erscheinen — Ganze Nationen lassen sich unmöglich durch Betrug täuschen — —

Baron. Sie mögen im letzten Punkte Recht haben, schöne Gräfin; allein diese außerordentliche Menschen sind meistentheils gefährlich. Ihre Thaten werden in den Augen des großen Haufens, der nur am äußern Glanze hängt, leicht zum Wunderwerk und erzeugen den Fanatismus, (und Sie werden mir doch gestehen, daß die Dummköpfe den größten Theil der menschlichen Gesellschaft ausmachen) Der Kluge lacht ingeheim darüber: allein aus Furcht stimmt er mit der größern Zahl, und bringt das Opfer mit. Dadurch siegt der Betrug, und der Betrüger, so wie die Betrogenen laben sich an diesem allgemeinen Beyfalle.

Gräfin. Allein sollten Sie nach so vielen Ihnen von der Wunderkraft meines Gemahles angeführten Beweisen, wohl noch an seinem schon durch Jahrhunderte wunderbar fortdauernden Leben zweifeln? Sollten Sie wohl zweifeln, daß er bey den schrecklichsten Revolutionen der Erde zu gegen war; daß er den Thaten der alten Helden beygewohnet; daß er zugleich an diesem und einem andern Orte seyn könne; daß er die Kraft habe, die Verstorbenen zurück zu rufen? Sollten Sie noch in Zweifel ziehen, daß er seine Tage nach Belieben verlängere, und sich verjünge? Sollten Sie noch an seinen, aus Liebe für die

blin=

blinde Menschheit unternommenen Wunderthaten zweifeln? Sollten Sie — — —

Baron. Genug, schöne Gräfin — — Lassen wir es der Wahrheit über, das Kleid abzulegen, das sie manchmahl verdächtig macht — — allein erlauben Sie mir eine etwas neugierige Frage: warum machten die begeisterten Sybillen, und die Orakel von Ihrem Gemahle nie Erwähnung? Warum verkündigten sie uns sein Daseyn nicht, da sie doch so viele andere große Ereugnisse, die in der Welt Epoche machten, voraussagten?

Gräfin. Das ist leicht zu begreifen. Die Wahrsager konnten nur in so weit Dinge voraussagen, als sich ihre Einbildungskraft erhob; da aber mein Gemahl zu einem übernatürlichen Zweck bestimmt ist, so war es keinem erlaubt, in dies Geheimniß zu dringen, damit durch seine zu frühzeitige Entdeckung die Absicht seiner Sendung nicht verfehlt werde. Können Sie wohl wissen, lieber Baron, was sich noch alles in der Welt zutragen wird? Wenn es der Vorsicht beliebt hätte, durch Prophezeyhung alles zu entdecken, so würde sie ja den ganzen Lauf der Dinge enthüllt haben, welches aber weder thunlich, noch wahrscheinlich seyn konnte. (Steht auf.) Es ist spät — — erlauben Sie mir, daß ich mich zur Ruhe begebe —

Baron. Nach Ihrem Belieben. Vergeben Sie mirs, wenn ich Ihnen zu lästig fiel, und
schrei=

schreiben meine Neugierde und Zweifel, der außerordentlichen Seltenheit der Sache selbst zu.

Gräfin. Man sieht, daß Sie ein kluger, und folglich auch vorsichtiger Mann sind; nur bedenken Sie, daß Zweifel, die man überzeugenden Thatsachen entgegen setzt, nicht aus richtiger Vernunftschlüssen herrühren. Ihre Dienerin — Morgen hoffe ich Sie geneigter gegen meine Gründe zu finden. Halten Sie dieselben nur gegen die Handlungen, die mein Gemahl seit seinem Aufenthalt in Basel ausgeübt hat, und urtheilen Sie als vernünftiger Mann darüber. Auf Wiedersehen. (Ab.)

Baron. Ruhen Sie wohl.

Zweyter Auftritt.

Baron (allein.)

Das Weib hat mich betäubt — Der Nachdruck in ihren Reden rührt entweder von der Kraft der Wahrheit her, oder von einer ins System gebrachten Betrügerei. Fast hat sie mich überredet; aber diese Wunderthaten beym Lichte betrachtet, so widersprechen sie der gesunden Vernunft. Ein Versuch soll mich ins Klare bringen. Er rühmt sich unter andern, daß er jede Krankheit heilen könne — Meine einzige geliebte Tochter Wilhelmine ist aus einer tiefen Melancholie in schrecklichen Wahnsinn verfallen — Ueber ein

ein Jahr beweine ich ihren Zustand. Alle angewandten Mittel waren bisher vergebens. Mißtrauisch gegen Cagliostro verschwieg ich ihm bisher mein Unglück. Nun aber will ich ihm die Kur meiner Tochter überlassen, und sehen, in wie weit seine unfehlbare Kunst gegründet sey. Er stelle dem betrübten Vater seine vielgeliebte Tochter her, und ich glaube an ihn — — Aber man lasse ihn ja nicht aus den Augen, damit er uns nicht hinter das Licht führe — — O Wilhelmine, wenn ich dich wieder hergestellt sehen kann, dann will ich vergnügt die Augen schließen. (Ab.)

Dritter Auftritt.

Cagliostro im Schlafrock, und Kaspar.

Kasp. Gnädiger Herr, unser Haus ist zur Apotheke oder gar zum Spitale geworden. Alles lauft zu Ihnen, weil diese Leute nicht bloß für ihren kranken Körper, sondern auch für ihren leeren Beutel Hülfe finden. Die hiesigen Aerzte ärgern sich darüber zu Tode. Sie sollen die schönen Reden nur mit anhören, die sie von Ihnen führen, wenn sie in den Apotheken zusammen kommen. Sie messen Ihnen das Kleid besser an, als es ein Schneider thun könnte. Der einzige Doktor Niklas nimmt sich ihrer mit Wärme an; dafür wird er aber eben so sehr angefeindet.

Cagl.

Cagl. Das darf dich nicht wunder nehmen. Ihre Verläumdungen werden aber keine andere Frucht hervorbringen, als ihre Beschämung. Meine Wunderthaten werden sie erröthen machen, und zum Schweigen bringen. Der Neid ist ein Sohn der Unwissenheit, und ein Nebenbuhler der Wahrheit; daher sind die großen Männer immer den größten Verfolgungen ausgesetzt. Ich bin über den Tadel hinweg. Diese dummen Aerzte erheben mich, indem sie mich herabsetzen wollen. Sie wünschen meinen Untergang, oder meine Abreise; aber ihnen zum Trotze will ich in Basel bleiben.

Kasp. Bravo, Euer Gnaden. Man muß die Hunde bellen lassen, und seine Weg ruhig fortgehen.

Cagl. Du hast Recht: aber nun lustig die Arzeneyen hergerichtet, die wir morgen für die Kranken brauchen —

Kasp. Ich gehorche. (Für sich etwas ironisch.) Mein Herr kurirt nicht nur umsonst, sondern giebt auch die Medicin gratis und noch Geld dazu. Es ist doch wahr, daß Wohlthaten immer mit Undank belohnet werden. (Ab.)

Vier-

Vierter Auftritt.

Cagliostro. (allein.) (Sieht um, ob er nicht bemerkt wird.)

Erträumte Gesetze der Ehre, Tugend und Redlichkeit, ihr fället euern Anhängern den Beutel nicht. Nur euer entlehnter Schein kann manchmal diese Wirkung hervorbringen. List, Betrug, und Verstellung sind die wahren Wege zur menschlichen Glückseligkeit. Dieser waren mein beständiges Studium. Sie hoben mich aus dem Staube empor. Als ich Palermo, mein Vaterland verließ, fand ich überall Leichtgläubige, die meinen Prahlereyen Gehör gaben, und mich mit Schätzen und Ehren überhäuften. Habe ich also nicht Ursache, wenn ich den Betrug der Ehelichkeit, und die Verstellung der Offenherzigkeit vorziehe? Nur Kaballe und Ränke regieren in der Welt. Wer am feinsten betrügen kann, ist am glücklichsten, und wird am meisten geschätzt. So hat mich bisher die Erfahrung gelehrt. Freylich stand ich manchmal in Gefahr, daß meine Betrügerey oder vielmehr die Kunst, gut zu leben entdeckt wurde; allein Dank sey es meinem Ränktalent, daß ich mich immer glücklich aus der Schlinge zog. Was endlich die Gewissensbisse belangt, so wußte ich sie durch die lange Praktik meiner jetzigen reizenden und beliebten Lebensart gänzlich zum Schweigen zu bringen — — aber hier kommt der Baron.

Fünfter Auftritt.

Baron und der Vorige.

Bar. Wie! Herr Graf, noch nicht zu Bette. Wir sind tief in der Nacht. Es wird Ihnen wenig Zeit zur Ruhe übrig bleiben, indem Sie schon am frühen Morgen von allen Seiten her die Kranken überlaufen.

Cagl. Drey oder vier Stunden sind für mich zur Ruhe hinlänglich. Ich bin nicht den Bedürfnissen der gewöhnlichen Menschen unterworfen. Durch höhere Macht empfange ich die nöthigen Kräfte zu meinen Arbeiten.

Bar. Weil wir allein sind, möchte ich Ihnen etwas entdecken, und Sie um eine Gefälligkeit bitten.

Cagl. Sprechen sie frey — Ich bin ganz zu Ihren Diensten.

Bar. Sie werden es vielleicht gehört haben, daß meine Tochter seit einem Jahre wahnsinnig ist, ohne daß man wissen könnte, woher ——

Cagl. Ich weiß alles — Herr Baron, auch wie viel Geld Sie an unwissende Aerzte hinausgeworfen haben. Daß Sie mir nichts davon sagten, und während ich bey Ihnen wohne, mir nicht einmal Ihr Tochter sehen ließen, das machte mich glauben, daß Sie dieselbe meiner Kur nicht unterwerfen wollten. Ich schwieg also, doch kränkte mich Ihr Mißtrauen, das ich als

wah-

wahrer Freund nicht verdiente. Nur dieß muß ich Ihnen sagen: Daß Ihre Tochter, wenn Sie dieselbe mir anvertrauet hätten, längst hergestellt wäre.

Bar. Vergeben Sie mir; aber ich hatte den Muth nicht. Nun aber siegt die väterliche Liebe über alle Bedenklichkeiten — — Ich bitte Sie, sich Ihrer anzunehmen.

Cagl. Mit tausend Vergnügen, uns um Sie zu überzeugen, wie sehr ich Sie hochschätze, so will ich sie noch diese Nacht besuchen — gehen wir auf ihr Zimmer.

Bar. Wollten Sie sich die Bemühung nicht bis morgen ersparen?

Cagl. Ich möchte sie jetzt sehen. In der Stille der Nacht lassen sich die Kennzeichen der Krankheit besser unterscheiden. Morgen habe ich zu viele Beschäftigungen, um eine umständliche Untersuchung des Status morbi anzustellen.

Bar. Zu viele Ehre — Kommen Sie (Ab.)

Sechster Auftritt.

Wilhelmine im Nachtkleide mit Lisette und Telberth.

Liset. Fürchten Sie nichts Herr v. Telberth. Man soll Sie nicht entdecken. Treten Sie frey zu Wilhelminen hin, und trösten das arme Fräulein. Ich will Wache stehen.

Tel=

Telberth. Theuerste Wilhelmine, sehen Sie mich zu Ihren Befehlen. Ich bediente mich des Schattens der Nacht, um Ihrem Vater nicht zu begegnen.

Wilhelmine. Ich sehnte mich nach Ihnen — Ich sehe lieber Telberth, daß mein verstellter Wahnsinn uns nicht zum Zweck einer glücklichen Verbindung führe. — Ich bin also entschlossen, Ihnen in geheim meine Hand zu reichen. Mein Vater denkt billig. Er wird mir meine Schwachheit vergeben; er wird die Ursache meiner Krankheit einsehen, und seiner Grausamkeit die ganze Unordnung zuschreiben. Wenn Sie mich in der That lieben, so werden Sie keinen Augenblik Bedenken tragen, den Vorschlag anzunehmen.

Telb. Ich bethe Sie an, Wilhelmine — aber nie werde ich Ihre Hand durch unerlaubte Wege zu erhalten suchen. Wenn ich Ihrem nicht genug überlegten, nur von der Liebe erzeugten Entschluß folgte, so wäre ich nicht Ihr Verehrer, sondern Ihr Verräther. Ich würde Sie zum Verbrechen, und folglich auch zur Unehre und Schande leiten. Dadurch würde Ihr Vater erst unser unversöhnlicher Feind werden — — Tragen Sie noch Geduld — hoffen Sie — — Ihr Vater — —

Liset. Verstecken Sie sich, Herr v. Telberth — Ich sehe den Herrn Baron mit dem grossen Mirakelmacher nach diesem Zimmer kommen.

Wil=

Wilhelm. Was wollen die um diese Stunde?

Telb. Himmel! welche Verlegenheit, ich bin in Gefahr als ein Verführer, und Bösewicht entdeckt zu werden — — Unschuld und Tugend, sey meine Retterin — Ich muß mich verbergen, so unanständig es auch für den ehrlichen Mann ist. (Lisette versteckt ihn.)
Wilhelmine stellt sich wahnsinnig, und macht verschiedene närrische Geberden.

Siebenter Auftritt.

Baron, Cagliostro, und die Vorigen.

Baron. Sehen Sie, Herr Graf, in welch traurigen Zustande sich meine Tochter befindet?

Cagl. Ich bedaure Ihr beyderseitiges Unglück — (beobachtet ihre Geberden) Ich werde sie schon wieder zu Recht bringen — Nur mir die Kur überlassen.

Wilhelm. Willkommen aus der Hölle, mein Herr (zu Cagliostro) was machen deine Kameraden? der Tantalus und Prometheus? Büssen Sie für Ihre Ungerechtigkeiten? Hat dich der Cerberus nicht zerrissen, als du über den Styx gingst? oder hat dir der alte Charon sein Ruder nicht zum Kopfe geschlagen?

Cagl. Ich bin weder ein Gespenst noch ein Schatten, sondern ein Mann, den Ihr Vater zu Ihrem Testen zu Ihnen führt.

Wilhel,

Wilhel. Du mußt also ein Mensch aus einer andern Welt seyn, weil du eine so mißgestaltete, fremde Figur bist.

Cagl. Beruhigen Sie sich, und erhitzen Ihre Einbildungskraft mit solchen ausschweifenden Gedanken nicht. Betrachten Sie mich bloß als Ihren Arzt, der Ihnen die Gesundheit giebt, und Sie glücklich macht.

Wilhel. Mich kann kein Mensch glücklich machen. (Für sich) der es könnte, wird mir vielleicht auf immer entrissen.

Bar. (Für sich) Armer Vater, unglückliche Tochter!

Cagl. (Sieht ein eisernes Gitter vor dem Fenster.) Was sehe ich? Wo bin ich? Wohin haben Sie mich geführt, Herr Baron

Bar. Was ist Ihnen? woher diese Beängstigung? Ich verstehe Sie nicht ——

Cagl. Dieses Gitter — ja dieses Gitter ruft die traurigsten Ideen in meine Seele zurück — Ich glaube mich in der schrecklichen Bastille von Paris zu befinden ——

Wilhel. Ja, ich hatte nicht Unrecht, du bist eines von den höllischen Schlachtopfern, die wegen Missethaten zur ewigen Strafe verurtheilet sind —— Wie! schon der bloße Anblik eines Gitters erschreckt dich!

Bar. (Für sich) Ich glaube meine Tochter ließt seine Character im Gesichte. (Zu Caglio.) Herr Graf, merken Sie auf ihren Unsinn nicht.

Cagl.

Cagl. Narrheit hat das Recht, alles zu sagen, ohne zu beleidigen —

Baron. Liebe Wilhelmine, wenn du deinen Vater liebst, so unterwerfe dich der Kur, die dieser Herr mit dir vornehmen will —

Wilhel. Dieser da soll mich kuriren? Eine schöne Figur —— daß sie mir ja nicht auf den Leib komme — Ich werde thun, was mir beliebt — (Dann zu Ihrem Vater in gerührtem Tone.) Ich werde Ihre Befehle vollziehen.

Liset. Der Mann scheint mir selbst ein wahrer Narr zu seyn, und der soll mein Fräulein kuriren. Das ist mir ein Räthsel.

Cagl. Sie brauchen Ruhe, mein Fräulein — Begeben Sie sich zu Bette.

Wilhel. Wie lächerlich dir das Befehlen ansteht — doch ich gehe, weil ich froh bin, deiner los zu werden. (Zum Baron.) Mein Vater, besuchen Sie mich öfters. (Für sich.) Nur der Besitz meines Telberth kann mich gesund machen. (Ab.)

Baron. Was halten Sie davon Herr Graf?

Cagl. Dieser Wahnsinn ist nicht durch eine Leidenschaft entstanden; sondern er hat seinen Grund in einer physischen Abzehrung des Gehirnes. Allein das grosse Arkanum, das ich besitze, soll Ihre Tochter in kurzem herstellen — Ich gebe Ihnen mein Wort — Leben Sie wohl. (Ab.)

Bar. Meine ganze Hoffnung beruhet auf Ihnen. (Zu Lisette.) Du Mädchen, bemerke genau alle Schritte des Cagliostro, und gib mir Nach-

richt davon. Du sollst es nicht umsonst thun.
(Ab.)

Liset. Der arme Herr dauert mich: aber der neue Arzt ist ein wahrer Dummkopf, weil er anstatt den rechten Fleck zu treffen, gerade das Gegentheil behauptet. Was für eine Verbindung hat die Abzehrung des Gehirns mit der Liebe? Fräulein Wilhelmine spielt nur auf mein Anstiften die Närrinn. Ich glaubte dadurch den Baron um so leichter zu bewegen, daß er ihr ihren Telberth gebe, dem er nur entgegen ist, weil er kein Geld hat. Die Liebe sieht weder auf Stand, noch Reichthum — — Ha! aber mir fällt was ein — — Das Recept, das ich im Kopfe habe, kann vielleicht dem Doktor und der Patientinn anständig seyn — — Der Betrüger ist leicht zu bestechen — — Bravo Lisette — Du bist ein Mädchen von Kopfe — — Kommen Sie Herr v. Telberth — Sie sind fort.

Achter Auftritt.

Telberth und Lisette.

Lis. Sie haben mit eigenen Ohren gehört, was vorging?

Telb. Jede Sylbe.

Lis. Wohl! ein Beutel voll Dukaten kann alles gut machen.

Telb. Woher sie nehmen? Du kennst meinen Zustand.

Lis.

Lis. Man nimmt sie zu leihen — In solchen Fällen muß man nicht delikat seyn. Kurz einen Beutel mit Gold und sich dem Cagliostro vertraut! Der wird mit dem alten Baron schon alles abmachen. Wenn dieser die wahre Ursache der Krankheit erfährt, so willigt er gern in alles — aber Gold, Gold gehört dazu: denn dies wirkt die größten Mirakel.

Telb. Dieser Weg ist freylich nicht der erlaubteste; da aber der Entzweck gut ist, so will ich es versuchen — Lebe wohl, und grüße mir Wilhelminen.

Liset. Wer so viele Zweifel und Bedenklichkeiten hat, ist nicht recht verliebt. Thun Sie, was ich Ihnen gerathen habe. Der Rath eines Kammermädchens ist, besonders in Liebesangelegenheiten, nicht zu verwerfen. (Beyde ab.)

Ende des ersten Aufzugs.

Zweyte Handlung.

Erster Auftritt.

Früher Morgen. Ein Saal.

Cagliostro in prächtiger Kleidung und Kaspar.

Kaspar.

Euer Gnaden, Ihre Befehle sind vollzogen; alles ist bereit. Die Medizintigel stehen in schönster Ordnung da. Ein einziges Ding ist mir aufgefallen. Alle Medikamenten haben einerley Farbe, und den nämlichen Geruch: wie können sie für so verschiedene Krankheiten taugen?

Cagl. Schweig Dummkopf — Die Einsehung ihrer geheimen Wunderkraft liegt ausser deinem Verstande. Nur mir ist die Wissenschaft gegeben, sie nach Umständen auszutheilen, und damit Wunder zu thun.

Kasp. Sie haben also eine Universalmedizin?

Cagl. Schweig. Wer hat dich gelehrt, mit einem Cagliostro mit solcher Vertraulichkeit zu reden, und in seine übernatürliche Geheimnisse eindringen zu wollen?

Kasp.

Rasp. Euer Gnaden vergeben mir — ich hab' es so übel nicht gemeint. (Für sich.) Der Berg hätte geboren; ich möchte aber nicht, daß eine lächerliche Maus daraus hervorgehe. (Man pocht.)

Cagl. Sieh, wer pocht. (Kaspar geht zur Thür.)

Rasp. Es ist der Herr Doktor Niklas, der gern seine Aufwartung machte — —

Cagl. Laß ihn vor, meinen liebsten Freund — —

Zweyter Auftritt.

Doktor Niklas, der mit vielen Bücklingen eintritt, und die Vorigen.

Doktor. In tiefster Unterthänigkeit und Ehrfurcht wage ich es, vor dem gelehrtesten, berühmtesten, weisesten, wunderthätigsten, und menschenfreundlichsten Herrn Grafen von Cagliostro zu erscheinen.

Cagl. Willkommen, liebster Freund, wie leben Sie?

Doktor. So lange ich in dero mächtigsten, kostbarsten Gnade stehe, geht es mir ungemein wohl.

Cagl. Darauf dürfen Sie zählen.

Dokt. Ich habe mir die Freyheit genommen, Ihnen beschwerlich zu fallen, theils um die Ehre zu haben, einigen allernützlichsten, aller bewundernswürdigsten Unterricht von Ihnen zu erhalten, theils um Ihnen zu melden, daß ich Sie gegen einige meiner medicinischen Collegen, die Ihnen abgeneigt sind, vertheidiget habe. Ich sage dies nicht, um mich damit zu rühmen, sondern um Sie zu überzeugen, wie sehr ich die Pflichten der Freundschaft kenne, und wie sehr mir die Aufrechthaltung Ihrer Ehre, Ihres Ruhmes, Ihres grossen, unsterblichen, erhabenen Nahmens am Herzen liege.

Cagl. Ich danke Ihnen für diesen Beweis Ihrer Freundschaft. Es ist aber eine erstaunenswürdige Unwissenheit, und eine schandhafte Blindheit Ihrer Mitärzte, die aus Mangel nöthiger Einsichten und Kenntnisse, oder vielmehr aus Neid und Stolz, das Talent und die Verdienste des weisen und gerechten Mannes nicht anerkennen wollen.

Kasp. (Für sich.) Was für Windbeuteley! Dieser Doktor ist ein dummer, niederträchtiger Schmeichler, und mein Herr ist von Eigenliebe so aufgeblasen, wie ein Luftballon.

Doktor. (Zu Cagliostro.) Sie haben Recht. Ich kann meine Mitkollegen auf keine Art vertheidigen. Sie, mein Herr Graf, kennen nicht nur die physischen, sondern auch die moralischen Gebrechen der Menschen. Nie ist Ihnen noch ein Mensch an Weisheit gleich gewesen, und nie wird Sie einer erreichen. Sie sind für die leidende Menschheit ein sonderbares Geschenk der Vorsicht.

Cagl.

Cagl. Alles hat seinen Ursprung vom Himmel. Diesem verdanke ich die mir verliehenen Gaben. Staunen, Schmerz und Abscheu bemeistern sich meiner Seele, wenn ich bedenke, wie viele Nationen das kostbarste Geschenk der Natur, ihr Leben, unerfahrnen Aerzten preis geben —

Doktor. Gerade so denke auch ich; optime, optime — — (Man pocht.)

Cagl. Sieh zu, wer pocht —

Kasp. Ja, gnädiger Herr, (Geht ab.)

Doktor. Wenn ich ungelegen bin, so entferne ich mich.

Cagl. Bleiben Sie. Es wird ein Kranker seyn: dies ist ihre Stunde. Sie können bey dieser Gelegenheit vielleicht etwas lernen.

Dokt. Zu viel Ehre, zu viele Gnade, mein Herr Graf.

Kasp. (Zurück.) Ein Buckeliger bittet vorgelassen zu werden.

Cagl. Er komme —

Dritter Auftritt.

Der Buckelige und die Vorigen.

Der Buckelige. (Sich dem Cagliostro zu Füssen werfend.) Sehen Sie, allerweisester Herr, und Wundermacher einen unglücklichen Buckeligen zu Ihren Füssen, der schon seit zwölf Jahren diesen Höcker herumträgt, und Sie nun um die Befreyung eines Uibels bittet, das ihn entstellt und lächerlich macht, und ihm sein Leben verbittert.

Cagl. Stehet auf, Unglücklicher, und antwortet mir auf meine Fragen. Wie ist euer Uibel entstanden?

Buckel. Es kam auf dem Rücken ein kleines Gewächs zum Vorschein, das sich immer mehr ausbreitete. Ich ließ es durch unsere Herren Medici und Wundärzte untersuchen. Einige waren für das Schneiden, die andern waren dagegen. Nach vielen Berathschlagungen, und nachdem sie mir den Beutel geleert hatten, kamen sie darin überein, daß mit dem Schneiden Lebensgefahr verbunden wäre, weil das Uibel schon zu sehr eingewurzelt war, und gaben mir endlich den Trost, daß jedes andere Mittel vergeblich sey, und daß ich meinen Buckel mit mir ins Grab nehmen müsse.

Dokt. Auch ich hatte eine förmliche Kur mit ihm vorgenommen, so wie sie der grosse Aesculap in solchen Fällen vorschreibt —— Allein das Uibel ist unheilbar.

Buckel. Ja, Ihnen bin ich vorzüglichen Dank schuldig. Durch den Eselsattel, den Sie mich auf meinen Buckel aufbinden hiessen, machten Sie mich bey der ganzen Welt sammt Ihnen lächerlich — Sie, weil Sie so dumm waren, ein solches Mittel anzurathen, und mich, weil ich

so

so einfältig seyn konnte, Ihrem Rathe zu folgen. (Der Doktor winkt ihm, zu schweigen.)

Cagl. (Zum Buckeligen.) Ihr werdet auf den beleidigten Theil zwölf Pfund Bley legen, und dann aufrecht stehend zwölf ganze Stunden die Schwere davon ertragen. Nach diesem wird Euer Höcker verschwunden seyn. Gehet —

Buckel. Tausend Dank für Ihre Güte. (Für sich.) Wenn schon die Kur schmerzhaft ist, so will ich sie doch versuchen. Diese wird auch die rechte seyn, weil sie nichts kostet. Je theurer die Medizin, desto schlechter die Wirkung. (Ab.)

Vierter Auftritt.

Die Vorigen.

Doktor. Sie sind der Gott der Arzneykunst. Wie bewundernswürdig ist nicht ihr Mittel! Wer würde je durch das bloße Licht der Physik und Chemie darauf verfallen seyn? Ich eile Ihrem immer mehr zunehmenden Ruhm durch die ganze Stadt auszuposaunen.

Cagl. Bleiben Sie. Sie müssen mit mir und meiner Gemahlinn der Gräfinn, Schokolade nehmen.

Doktor. Ich verdiene so viel Ehre und Gnade nicht: doch wenn Sie befehlen — —

Cagl. Ja, ich befehle es — — aber lassen Sie die überflüßigen Danksagungen bey Seite — (Klingelt.)

Fünf-

Fünfter Auftritt.

Kaspar, und die Vorigen.

Kasp. Befehlen Euer Gnaden — —

Cagl. Schokolade für drey Personen, und sieh zu, ob die Gräfinn aufgestanden, und ob es ihr gefällig, das Frühstück in Gesellschaft des Herrn Doktor Niklas zu nehmen.

Casp. Ja, Euer Gnaden. (Ab.)

Cagl. Was ich Ihnen vorhin in Ansehung unwissender, dummer Aerzte sagte, eben so viel muß ich Ihnen jetzt in Betreff weiser und rechtschaffener Aerzte sagen. Glücklich das Volk, das viele solche Männer in seinem Schoße zählt, die als treue Anhänger der drey medizinischen Systeme (nämlich des praktischen, methodischen und vernünftigen) ihre Vorschrift genau befolgen, und, indem sie das Natürliche mit dem Uibernatürlichen verbinden, dem Kranken die wahre Gesundheit verschaffen, und ihre Mitbürger bis in das späteste Alter gesund erhalten. Diesen gebühren aber auch mit Recht die Ehren, die einst dem Apoll und Merkur in Aegypten, dem Aeskulap in Griechenland, und in spätern Zeiten dem Alvaro Nugnes, und dem Alphonso von Castilien, spanischen Argonauten, in einem gewissen unbekannten spanischen Lande, von den Barbaren zu Theil wurden.

Dok=

Doktor. und die jetzt mit so vielem Rechte der unsterbliche Herr Graf v. Cagliostro einärntet — —

Cagl. Zu viel Herr Doktor — Mehr als ich verdiene: aber Freund, ich beweine in unserm Jahrhundert, die arme Menschheit, die fast gänzlich der Unwissenheit der Aerzte preiß gegeben ist, die ihren Kredit durch eine erzwungene Ernsthaftigkeit, und durch dunkle Sentenzen, die der Kranke nicht versteht, aufrecht zu erhalten suchen: und doch will man behaupten, daß die Arzeneykunst in unsern Zeiten, große Verbesserung bekommen habe, und mit neuen Kenntnissen sey bereichert worden.

Sechster Auftritt.

Gräfin, und die Vorigen.

Gräf. Ich bin zu Ihren Diensten (zum Doktor) Ihre Dienerinn, Herr Doktor Niklas.

Nikl. Würdigste Ehegattinn des Ersten der Menschen, ich lege mich Ihnen in tiefster Ehrfurcht zu Füssen —

(Kaspar bringt Schokolade, man nimmt Platz.)

Gräf. Ich halte dieses Getränk für das zuträglichste zur Gesundheit und Stärkung der Kräfte.

Cagl. Das ist eben meine Meinung davon.

Dokt.

Dokt. Benissimo — Erlauben Sie mir, daß ich Ihnen meine Meinung darüber in Versen sage. (Sagt einige elende Verse zum Lobe der Schokolade her.)

Gräf. Bravo — dürfte ich mir eine Abschrift davon ausbitten?

Dokt. Euer Gnaden sollen bedient werden.

Cagl. Haben Sie diese Verse selbst verfaßt?

Dokt. Ich bin Arzt und kein Poet; denn wenn ich Poet wäre, so könnte ich kein guter Arzt seyn.

Gräf. Warum dies.

Dokt. Weil die Poeten größtentheils Narren sind. Der Arzt aber muß mit seinem Kopfe immer zu Hause seyn: ein poetischer Arzt wäre also der Ruin seiner Pazienten. Allein ich bitte um Vergebung. Geschäfte nöthigen mich, diese unschätzbare, liebenswürdige Gesellschaft zu verlassen. Ich werde mir ein andermal die Freyheit nehmen, Sie zu bewundern, und mich in Ihrem unvergleichlichen Umgange zu beseligen.

Cagl. Sie werden uns immer willkommen seyn.

Gräf. Ihre Dienerin, Herr Doktor.

Dokt. Untergebenster, gehorsamster, verbundenster, ewiger Diener. (Ab.)

Siebenter Auftritt.

Cagliostro und Gräfinn.

Cagl. Ich muß aus zwey Beweggründen die Freundschaft mit diesem Ignoranten unterhalten. Sein Kredit, den er in der Stadt hat, hilft mir die Zahl meiner Bewunderer vermehren, und sein Geld soll mit zu seiner Zeit gute Dienste thun. Ich habe bereits den Plan im Kopfe.

Gräf. Wir haben bisher solchen Intriken unser ganzes Glück und den Ruhm zu verdanken, in welchem wir bey der Welt stehen — —

Cagl. Wenn ich unser Schicksal und alle bisher gehabten Auftritte durchdenke, so scheint es mir ein größers Wunder, als diejenigen, die ich den Leuten vormache, und welche die dumme Welt glaubt. Erlaube mir mein Schatz, daß ich mein Leben ein wenig durchlaufe. Balsamo ist mein Nahmen, Palermo mein Vaterland. Ich ward in meiner Jugend Mönch; lief aber bald davon. Darauf gab ich mich für einen Goldmacher aus. Ein gewisser Marano, ein Goldarbeiter streckte mir zu meinen chymischen Versuchen eine schöne Summe Geld vor. Ich entfloh damit nach Calabrien, wo ich ausgeplündert wurde. Ein berühmter Kosmopolit war dann einige Zeit mein Begleiter. Ich verließ ihn in Rom, wo ich vom Abschreiben lebte, mit deinem Vater Feliciani bekannt wurde, mich in deine Reitze verliebte, und dich heurathete. Von mehrern Engländern, *) die sich dazumal in Rom aufhielten, zogen wir nach und nach bey 5000 Guinen heraus, mit welchen wir uns falsche Diamanten anschaften, und Equipage beylegten. Wir gingen dann, wie du dich erinnern wirst, von Rom nach Mayland, und da wir uns dort nicht niederlassen konnten, nach Bergamo, wo wir von einem treulosen Diener all unsrer Habseligkeiten beraubt wurden, und ich, weil man mich für einen Spion hielt, in Arrest kam. Nun mußten wir eine Pilgerreise nach Genua machen.

Gräf. An diese Reise werde ich Lebenslang gedenken. Meine Beine haben bey dieser Fußreise so viel gelitten, daß ich jetzt nur mit Mühe die Treppe steigen kann.

Cagl. Wir schifften uns nach Frankreich ein, wo ich mich Marquis Pellegrini nannte. Das folgende Jahr begaben wir uns nach Neapel. Hier fand ich meinen Vetter Braconieri, der uns mit sich nach Palermo zurückführte. Wir waren nur wenige Tage dort, so ließ mich der Goldarbeiter, wegen des ihm geraubten Geldes ein=

---

*) Man wird bemerken, daß diese Lebensgeschichte sehr mit derjenigen contrastire, die in Rom herauskam.

Anmerk. des Uibersetz.

einsperren. Es gelang dir, durch den Schutz des Fürsten v. P***** mich aus dem Arreste zu befreyen. Alsogleich verließen wir Palermo und gingen nach Malta, wo ich mir den Namen Graf Cagliostro beylegte. Von Malta nahmen wir den Weg nach Wien, von Wien nach dem Holsteinischen, wo wir den berühmten Grafen St. Germain fanden. Du erinnerst dich noch an die glückliche Begebenheit — —

Gräf. An das vortreffliche Rezept, das er uns zu dem so berühmten St. Germainischen Elexir gab, das von Monarchen selbst so hochgeschätzt wird, und von allen medizinischen Facultäten für wunderthätig erkannt wurde. Durch diese haben wir dann so viele vorgegebene Wunder gewirkt, und solche Schätze gesammelt.

Cagl. Von da gingen wir nach Petersburg, wo wir mit unsrem Gauckelspiel gewiß viel Geld verdient hätten, wenn der auffallende Streich mit dem abgetriebenen Kinde, nicht unsre Absicht vereitelte. Nun besuchten wir Polen, Preußen u. Holland. Von Holland gingen wir nach Marocco, Gibraltar, Marseille, Lion, und Straßburg, wo ich abermal den Arzt spielte, und mit Arkanen pralte. Paris hörte von meinem Ruhm, und verlangte mich in seinen Schoß. Ich ward mit allen Ehren aufgenommen, mit Schätzen überhäuft, und höher geschätzt, als Mesmer mit seinem Magnetismus, und Blanchard mit seinem Luftballon. Nun gab ich mich für den Her-

Hersteller der ägyptischen Mäurerey aus, und für den Besitzer der Geheimniße der Isis, und des Anubis. Mit Vergnügen erinnere ich mich an das große Abendmahl zum Leben erweckter Todten, wobey du dich auszeichnetest, und 36 Pariser=Damen in deine große Schule aufnahmst. Diese Scene müssen wir nur in dieser Stadt wiederhohlen — — Die berüchtigte Halsbandgeschichte brachte mich in die Bastille. Doch zog ich mich durch einen erdichteten Lebenslauf, den ich meinen Richtern vorspiegelte, glücklich aus der Schlinge. Wir begaben uns darauf nach England. Hier besprach ich mich mit Quackern, Socinianern, Deisten und meinen Brüdern den Freymäurern. Das erdichtete Lebenselexir, und der Aufwand, den ich machte, erwarben mir Kredit, Ehren und Schätze. Von England gingen wir abermal nach Holland, Brüssel und der Schweiz, und nun befinden wir uns in Basel. So war bisher mein Leben; allein die widrigen Unglücksfälle sollen nur zur Erhebung meines Glanzes dienen — Ich danke dem Glück, das mich bisher unterstützte, und hoffe daß es mir noch weiter beystehen werde.

Gräf. Auch ich danke dem Glücke, das mein Schicksal mit jenem eines so großen Mannes vereinigte.

Ach=

Achter Auftritt.

Kaspar und die Vorigen.

Kaspar. Die Hausthür wird von einer Menge Kranken fast eingesprengt. Sie brennen vor Ungeduld Euer Gnaden zu sehen.
Cagl. Man lasse sie vor, diese Unglücklichen.
Gräfin. Häusliche Angelegenheiten rufen mich — (Ab.)
Cagl. Nach Belieben.

Neunter Auftritt.

Ein Haufen Kranker, die mit verschiedenen, theils lächerlichen Geberden eintreten, und sich dem Cagliostro nähern.

Cagl. (Mit Gravität.) Ihr Unglücklichen, sehet mich hier mit Werk und That zu euer Hülfe bereit. Kaspar gib jedem die von mir selbst zurecht gemachten, verfertigten, nöthigen Arzneymittel. Jeder von euch mache davon den dabey vorgeschriebenen Gebrauch, und in kurzer Zeit werdet ihr die vorige Gesundheit wieder erlangen. Ich stehe euch dafür —— Theile ihnen auch nach ihren Umständen das benöthigte Geld aus, damit sie sich Lebensmittel anschaffen, und während der Kur ihre Bequemlichkeit haben. Von euch, ihr Kinder, verlange ich nichts anders, als daß ihr meinen Nahmen euern Herzen eindrückt, drücket, und vor der Welt Zeugniß gebet, wie sehr ich für eure Gesundheit und Dürftigkeit gesorgt habe. Lebet wohl. (Ab.)

(Die Kranken drücken ihre Freude aus, und ebenfalls ab.)

Ende der zweyten Handlung.

Dritte Handlung.

Erster Auftritt.

Zimmer.

Wilhelmine und Lisette.

Lisette.

Beruhigen Sie sich, Fräulein Wilhelmine, mein Project kann nicht fehl schlagen. Ich glaube meinen Mann zu kennen. Herr v. Telberth hat vielleicht schon jetzt den Plan ausgeführt. Geld verblendet oft die vernünftigsten, klügsten Leute, um so eher einen Cagliostro, den ich bloß für einen listigen Betrüger halte.

Wilhel. Um Menschen zu kennen, scheinst du mir nicht Erfahrung genug zu haben. Wenn du deinen Mann verkannt hättest — Wenn Cagliostro

mei=

meinem Vater die Wahrheit entdeckte, was würde aus mir werden?

Liset. Weg mit solch' unnützer Furcht. Was mir an der Welterfahrung mangelt, das ersetzt bey mir Verschlagenheit und List. Ich bin sicher nicht an den unrechten Mann gekommen. Und gesetzt, der alte Herr käm unter das Geheimniß. Vielleicht würde das gerade Ihr Glück seyn. Als ein vernünftiger und guter Vater, wie er ist, wird er einsehen, daß es ein grosser Unterschied sey, wenn der Vater den Liebhaber mit politischen Augen betrachtet, die Tochter aber denselben mit den Augen der Liebe ansieht. Kurz, Sie sollen Ihren Telberth bekommen, und dann Lisetten Ihr Glück danken.

(Telberth erscheint im Hintergrunde.)

Wilhel. O dieses eingebildete Glück wird vielleicht nie Statt haben. Aber wenn ich meinen Telberth besitzen sollte —— o dann —

Zweyter Auftritt.

Telberth und die Vorigen.

Telb. (Zu Ihren Füssen.) Was würden Sie dann mit Ihrem Telberth thun?

Wilhel. (Angenehm überrascht.) Theurster, ich würde Sie von ganzer Seele lieben; würde mich bestreben, Ihrer würdig zu werden. Ihre Tugend würde meine Leiterin seyn —— ich müßte zum glücklichsten Weibe werden — —

Telb.

Telb. Diese unverdienten Lobessprüche überzeugen mich, daß ich in Ihnen eine treue Gefährtin meines Lebens finden werde — —

Liset. Weg jetzt mit diesen Zärtlichkeiten — Wie stehts um unsern Plan? Wie gehts mit dem Cagliostro?

Telb. Er ist ganz für uns gewonnen, und versichert uns des besten Erfolges. Er nahm mich anfänglich mit ernster Miene auf. Ich entdeckte ihm die Ursache meines Besuches, er schüttelte den Kopf, und schien mich zu bedauern. Ich biethe ihm das Geld an. Nur schien er stufenweise aufzuwachen, spricht von seiner Uneigennützigkeit, stellt sich sogar beleidiget. Ich merkte den Kniff, bestritt Kunst mit Kunst, und schloß endlich den Handel mit 300 Dukaten.

Liset. Ich bin doch ein Mädchen von Verstand — — Es ist, wie ichs dachte.

Telb. Er versprach mir einen glücklichen Erfolg; forderte aber das Geld voraus. Ich ging zu einem Freund, entdeckte mich ihm schüchtern, und erhielt von ihm diesen Beutel mit den 300 Dukaten.

Wilhel. Nun faßt mein Herz einige Hoffnung.

Liset. Hoffen Sie immer — aber Hr. v. Telberth, Sie haben gefehlt — Sie hätten das Geld erst nach erfolgter Wirkung zusagen sollen. Es wäre nicht das erstemal, daß solche Betrüger das Geld einstecken, und den Freund sitzen ließen.

sen. Das wäre ein doppelter Verlust — Sie verloren Ihr Geld, und erhielten Wilhelminen nicht.

Telb. So eines Betruges halte ich Cagliostro nicht fähig — Vergeben Sie mir, Wilhelmine, daß ich Sie verlasse — Sie wissen selbst, wie vorsichtig ich mich noch in Ihrem Hause verhalten muß. Hoffen Sie aber, daß nach dem Sturm heitere Stille eintrete, und glauben Sie, daß die glücklichsten Ehen erst nach überstandenen Hindernissen entstehen —

Wilhel. Ihre treffliche Denkungsart macht Sie mir mit jedem Tage liebenswürdiger — Wie sehr sehne ich mich nach dem Augenblicke, der uns durch das Band der Ehe vereinigen soll.

Telb. Ich bringe dieses Geld dem Cagliostro — Bald sehen wir uns vielleicht in einer glücklichern Lage. (Ab.)

Wilhel. Lebte ich in deinem Herzen wie du in dem meinigen lebst!

Dritter Auftritt.

Wilhelmine und Lisette.

Liset. Der Grund ist gelegt: bald werden wir das Gebäude daraus entstehen sehn. Also weg mit dieser finstern, melancholischen Miene, die nur Ihre Schönheit entstellet. Uibel, die auf das höchste gestiegen sind, können nicht dauern. Indessen müssen Sie Ihre bisherige Rolle mit dem alten Herrn noch einige Zeit fortspielen.

Wilhel.

Wilhel. Ich wünschte das Ende zu sehen — Mädchen, geh zu Cagliostro, mache dir irgend einen Vorwand, und suche ihn auszuhohlen, ob er sich wirklich meiner annehme. —

Liset. Wenn es sonst nichts ist — mit Vergnügen (Für sich.) Wie glücklich wäre ich, wenn ich das Werkzeug zum Glücke meiner Gebietherinn seyn könnte. (Ab.)

Vierter Auftritt.

Wilhelmine (allein.)

Liebe — Liebe — ich bin dein Opfer geworden. Was habe ich dir je zu Leide gethan, daß du mich mit einem deiner tiefbringendsten Pfeile durchbohret hast? Unter dem Deckmantel der Freundschaft hast du dich in mein Herz geschlichen. Warum bedientest du dich eines Gegenstandes, den ich vielleicht, seiner dürftigen Umstände wegen, nie werde besitzen können? Grausame Gesetze menschlicher Politik, und des Eigennutzes! Ihr habet das Herz meines Vaters verhärtet. Ohne euch würde er den Verdiensten, und den Tugenden meines Geliebten haben Recht widerfahren lassen ——— Doch hier kommt mein Vater.

Fünfter Auftritt.

Baron und die Vorige.

Baron. Ich finde dich allein, liebe Tochter — wie fühlst du dich?

Wilhel. (Seufzend.) Ich befinde mich wohl, und übel, übel, und nicht wohl.

Baron. Ich verstehe dich nicht. Rede deutlicher.

Wilhel. Gut geht es mir, wenn ich bey Ihnen bin; übel wenn ich ohne . . . . aber es würde mir immer wohl gehen, wenn Sie es wollten, daß ich . . . .

Baron. (Für sich.) So sehr sie verwirrt ist, so vergißt sie doch die Liebe gegen ihren Vater nicht — — Allein, liebste Tochter, was bedeuten diese abgebrochenen Reden? Ich begreife sie nicht. Sprich mein Kind, und hängt es von mir ab, dich wieder gesund und glücklich zu sehen, so bin ich bereit alles aufzuopfern. Entdecke mir dein Herz, und du wirst den zärtlichsten Vater, den aufrichtigsten Freund in mir finden —

Wilhel. (Zur sich.) Welche Verlegenheit. Himmel, was soll ich thun! (Nach einer Pause wirft sie sich ihm zu Füssen, und umarmt seine Knie.) Vater, lieben Sie mich? Wollen Sie mein Glück? Es hängt von der Hand ab, die ich mit Inbrunst küsse. (Mit Affect ab.)

Sech-

Sechster Auftritt.

Der Baron (allein.)

Was hörte ich? Ist meine Tochter wahnsinnig, oder ist sie es nicht? Der Nachdruck, mit dem sie die letzten Worte zu mir sagte, läßt mich fast vermuthen, daß ich die Ursache ihres Unglückes sey. Deutet sie vielleicht nicht auf den Telberth, den sie schon so oft zum Manne verlangte? Hätte ich die Verdienste und Tugenden dieses jungen Mannes früher gekannt, ich wäre dieser Verbindung gewiß nicht so entgegen gewesen. Ja wüßte ich, daß mit seiner Hand ihr Verstand zurück kehrte, noch heute würde ich meinen Segen dazu geben. An Geburt ist er mir gleich, und seine Verdienste und Vorzüge machen ihn meiner Tochter und meiner Freundschaft würdig. Was ihm am Vermögen fehlt, kann ich ersetzen — Ich muß sehen, unter das Geheimniß zu kommen. Weis ich dann einmal die wahre Quelle der Krankheit, so soll die Kur meine Sache seyn. (Ab.)

Siebenter Auftritt.

Saal.

Lisette und Gräfinn.

Liset. Wenn Sie euer gräfl. Gnaden sehen sollten, Sie müßten Mitleiden mit ihr haben.

Gräf.

Gräf. Ich bedaure ihren Zustand. Versichert Sie in meinem Nahmen, daß ich mich aufs beste bey meinem Gemahl, dem Herrn Grafen, für sie verwenden wolle, damit er durch seine Weisheit und Macht ein Mittel ausfinde, sie von ihrer verliebten Narrheit zu heilen.

Liset. Ewig wird Sie Ihnen dafür verbunden seyn. Ich habe die Ehre, Euer Excellenz die Hand zu küssen.

Gräf. Bleibt. Hier kommt mein Gemahl. Ihr sollt selbst hören, wie nachdrücklich ich ihm diese Angelegenheit empfehle.

Achter Auftritt.

Cagliostro und die Vorigen.

Gräf. Herr Graf, Sie sehen hier das Kammermädchen der Wilhelmine. Sie flehet Sie durch mich um Ihren Schutz an, damit sie zum Besitz ihres geliebten Telberths gelange.

Cagl. (Mit Gravität.) Melde sie ihrer Gebietherin in meinem Nahmen, daß ich durch meinen eigenen Antrieb, den Unglücklichen zu helfen, und durch den Vorspruch der Frau Gräfin, meiner würdigsten Gemahlinn, mich ihrer annehmen wolle, und daß sie sich ganz auf meine unfehlbare Wissenschaft und Macht verlasse. Sage sie ihr zugleich, daß ich sie noch vor Abend besuchen würde.

Liset.

Liset. Ich fliege zu Fräulein Wilhelminen, um ihr mit den lebhaftesten Farben Ihre Menschenliebe und Wohlthätigkeit zu schildern, und die finstern Bilder der Melancholie aus ihrer Seele zu entfernen. (Für sich.) Was für eine ernste Mine sich der Betrug nicht zu geben weiß. (Ab.)

Neunter Auftritt.

Cagliostro und Gräfin.

Cagl. Dreyhundert Dukaten mögen den Aufwand bezahlen, den wir bisher in dieser Stadt machten; und da ich das Geld voraus bekomme, so bekümmere ich mich eben um den Ausgang nicht, obwohl er nach meiner Meinung gut seyn sollte. Ich werde dem Baron vorstellen, daß sowohl die physische als moralische Nothwendigkeit es erfordere, daß er seine Tochter verheirathe, und daß er ihr denjenigen Mann gebe, der ihr am besten gefällt. Ich werde ihm die Gefahr vorstellen, in der das Leben seiner Tochter schwebt, und er wird gewiß lieber einen Theil seines Vermögens aufopfern, als seine Tochter verlieren wollen. Glückt mirs auf diese Art, seine Tochter zu kuriren, so trägts noch eine besondere Erkenntlichkeit von Seite des Vaters. Ich mache zugleich Wilhelminen glücklich, überzeuge den Alten von meiner Wunderkraft, und befriedige den Liebhaber der Tochter, der sein Geld gewiß nicht bereuen wird. O dreymal gepriesene Kunst gut zu leben! Du kennst sie, theures Weib diese Kunst, und bist gleich mir über ihre Wirkungen entzückt —

Gräf. Ja wohl, kenne ich sie — Laß sie immer unsre Leiterinn seyn, und Achtung, Reichthum, Freude und Glückseligkeit ist dann unser Loos.

Zehnter Auftritt.

Kaspar und die Vorigen.

Kasp. Der Herr Baron erwartet Euer Gnaden zum Mittagmahl.

Cagl. Gehen wir.

Gräf. Ich bin bereit —

Cagl. (Zur Gräfin.) Bey Tische werden wir Gelegenheit haben, die Gesinnungen des Vaters auszuforschen, und ihn stufenweise zur Kur seiner Tochter vorzubereiten.

Gräf. Ein treflicher Gedanke. (Beyde ab.)

Kasp. Auch ich brauchte ein Mittel von meinem Herrn wider ein Uibel, das sich vor kurzem in mir eingewurzelt hat. Ich liebe die Lisette. Was für ein reitzendes, artiges, bezauberndes Kind! Ich halte sie für die Göttin aller Kammermädchen. Wie glücklich wäre ich, wenn

wenn Cagliostro das Wunderwerk machen könnte, daß ich sie zum Weibe bekomme. (Ab.)

Ende der dritten Handlung.

Vierte Handlung.

Erster Auftritt.

Offener Platz von Basel.
Der ländliche Philosoph, der mit großer Aufmerksamkeit jede Denkwürdigkeit dieses Platzes untersuchet.

Philosoph.

Wie auffallend mir alles ist, seitdem ich keine Stadt sah! Wie viele Handwerker und Künstler schwitzen nicht um dem Menschen seine Bedürfniße zu verschaffen; allein welch' weit größere Anzahl bringt ihr Leben in Arbeit und Anstrengungen hin, um den Luxus zu befriedigen, und neue Arten von Wolluft und Vergnügungen zu erfinden! Auf dem Lande werden die Menschen nicht der Bequemlichkeit und Weichlichkeit aufgeopfert — — Man sieht dort nur wenige Handarbeiter, aber dafür nervigte Landleute, die ihren Schweiß in Bebauung der Erde, und also zum wahren Nutzen, und nöthiger Erhaltung
der

der Menschheit aufopfern. Aber nähert sich mir nicht dort ein lahmer, siecher Mensch? Die Städte wimmeln von solchen unglücklichen Geschöpfen, die größtentheils ein Opfer ihrer Lüste sind. Nur wenig solche Krüppel trift man auf dem Lande, wo nach Einfalt und Reinigkeit der Sitten herrscht; und gibt es einige, so wurden sie es durch zufälliges Unglück. Ich will ihn anreden. Guten Tag, Freund —

Zweyter Auftritt.

Der Lahme und der Vorige.

Lahme. Ihr Diener, mein Herr — Wollen Sie mir nicht einen Gefallen erweisen?

Phil. Von Herzen gern, wenn es seyn kann.

Lahme. Könnten Sie mir nicht sagen, wo hier der Herr Graf v. Cagliostro wohnet?

Phil. Ich weiß es nicht, denn ich gehöre nicht in diese Stadt. Aber erlauben Sie mir die Frage mein Herr: aus welchem Lande sind Sie? Und was ist wohl der Entzweck Ihrer Reise?

Lahme. Ich reisete hieher, um durch den Wundermann, den Grafen Cagliostro meine Gesundheit wieder zu erhalten. Mein Vaterland ist das an Sitten und alter Redlichkeit kaum mehr kennbare Wien. Ihnen die Wahrheit zu gestehen, so bin ich eines von den unglücklichen Opfern der

Wol=

Wollust, von denen jetzt fast alle Hauptstädte wimmeln. Leichtsinnig warf ich mich den wilden Lüsten in die Arme, bis ich zu spät aus meinem Taumel erwachte — Meine Gesundheit ist zerstört, mein Vermögen verschwendet — Kaum konnte ich meinen siechen Körper hieher schleppen. Ihre redliche Bildung heißt mich, Ihnen dieses Geständniß machen.

Phil. Ich bedaure Sie — Leider tragen Sie die Folgen der Ausschweifung — — Sie sehen in mir einen alten, grauen, aber dabey gesunden, frischen Mann. Dieses kostbare Gut habe ich meiner mäßigen Lebensart zu danken. In der Jugend war ich thätig und arbeitsam; und Thätigkeit und Beschäftigung sind das Gegengift der Wollust. Ich verließ die Stadt, aus der Unschuld und deutsche Sitte entflohen war, und wählte mir einen ländlichen Aufenthalt — Hier bringe ich meine Tage, in Arbeit und im Studium der Natur hin — — Sie glauben nicht, welche Wollust und unschuldige Freuden die Einsamkeit einem zufriedenen Herzen gewähre.

Lahme. Sie sind ein ausserordentlicher Mann — Wie sehr beneide ich Sie — o möchte ich meine Gesundheit wieder erlangen, wie gern wollte ich mich, fern von dem Geräusche der Städte, auf das einsame Land begeben, und dort in Bearbeitung des Erdbodens meine übrigen Tage hinbringen.

Phil.

Phil. Ihr Vorsatz ist gut. Der Himmel gebe nur, daß Ihr Wunsch erfüllet werde! Ja Freund, nur auf dem Lande herrscht Aufrichtigkeit und Unschuld. Die Freuden des Landlebens sind die Quelle der Gesundheit, und eines zufriedenen Herzens. Nun sind es funfzig Jahre, daß ich dieses glückliche Leben führe, und keine Stadt gesehen habe. Allein der Ruf von einem gewissen Grafen Cagliostro, der nach seinen Reden, schon mehrere Jahrhunderte erlebte, der alle Wissenschaften besitzt, und Wunder wirkt; kurz die Begierde dieses Phenomen zu sehen, führte mich endlich nach Basel, wo er sich gegenwärtig aufhalten soll, und ließ mich den Vorsatz brechen, nie wieder eine Stadt zu sehen.

Lahme. Möchten Sie wohl bey dem Grafen für mich vorsprechen, daß er sich meiner annehme. Gern will ich, wenn ich genese, mit Ihnen auf das Land ziehen, und lebenslänglich Ihr Diener seyn.

Phil. Ich will Ihnen mit Vergnügen einen Zutritt verschaffen. (Für sich.) Bey dieser Gelegenheit werde ich meinen Mann näher beobachten können — —

Lahme. Sollte es wohl dieser Graf seyn, der dort auf uns zukommt?

Phil. Kommen Sie, wir wollen in der Ferne zusehen.

Drit-

Dritter Auftritt.

Cagliostro, mit dem Doktor Niklas, und Kaspar.

Cagl. Es gefällt mir bey Ihnen — Ich genieße hier einer Ruhe, die ich weder in Paris, noch in Amsterdam, noch sonst in einer großen Hauptstadt finden konnte. Dort ward ich jeden Augenblick von den vornehmsten Personen überlaufen, und ich konnte keinen Schritt auf die Gasse thun, ohne von einer unzähligen Volksmenge umringet zu werden, die bey meinem Anblick fast ausser sich gerieth.

Dokt. Ich hoffe, diese Stadt werde bald eine Ehrensäule zum Denkmahl errichten, daß wir das unaussprechliche Glück hatten, den unsterblichen Cagliostro in unsern Mauern zu sehen.

Phil. (seitwärts) Er ist es ohne Zweifel; allein sein Aussehen stimmt nicht mit seinem Ruhm überein. Wahre Tugend ist demüthig. Nach seinem stolzen Anstande zu schließen, scheint mir dieser Mann eher ein Betrüger als ein Weiser zu seyn — — Wir wollen sehen, was an diesem so berühmten Grafen Cagliostro ist. (Er geht auf Cagliostro zu, zieht den Hut ab, da aber Cagliostro den Seinigen nicht abnimmt, so setzt er ihn wieder auf, und sagt:) Ich führe Ihnen hier einen Lahmen auf, der eine weite Reise hieher gemacht, und von Ihnen seine Genesung erwartet —

Cagl.

Cagl. (Mit Gravität zum Lahmen.) Entdecket mir aufrichtig die Eigenschaft euers Uebels.

Lahmer. Ich bin in diesen traurigen Zustand durch die Folgen versetzt worden, welche die Entdeckung von Amerika für uns Europäer soll gehabt haben.

Cagl. Kaspar, geh nach Hause, nimm eine von den vorräthigen Flaschen, und gib Sie diesem Elenden —

Kasp. (Im Abgehen.) Ha! ha! von der Universalmedizin —

Dokt. (Zum Lahmen.) Nehmet nur fleißig diese Medizin, und ihr sollt bald hergestellt seyn — Die Arzeneyen des Herrn Grafen v. Cagliostro sind wunderthätig.

Phil. Sie haben also die Mittel für alle Uibel schön vorräthig, und verordnen sie, ohne erst die besondern Umstände der Krankheit zu untersuchen?

Cagl. Ich selbst gebe meinen Medikamenten die Kraft, die mir von oben ertheilt wurde, und übersehe mit einem einzigen Blick den ganzen Zustand der Krankheit.

Philos. Wenn es wahr ist, so wäre der Ruf — — —

Dokt. Wie! wie! wenn es wahr ist? Zweifelt ihr daran? Es ist wahr, ich sage das, ich der Doktor Niklas, und ihr müsset es glauben, ihr bäurischer Dummkopf.

D **Phil.**

Phil. Erhitzen Sie sich nur nicht. Wenn ich es glauben muß, so will ich es glauben. (Mit Ironie.)

Cagl. (Für sich.) Der Alte scheint mir ein Schlaukopf zu seyn. Meine Ehre ist in Gefahr. Hier ist Klugheit nöthig.

Vierter Auftritt.

Kaspar, und die Vorigen.

Kasp. (Dem Lahmen eine Flasche gebend.) Da ist die Medizin sammt der Vorschrift, wie sie zu gebrauchen ist.

Phil. (Betrachtet die Arzeney, schüttelt den Kopf, und gibt sie dem Lahmen wieder.) Herr, Herr, wenn Sie kein Mirakelmacher sind, so heilen Sie diesen Kranken in seinem Leben mit diesem Mittel nicht.

Cagl. Was saget ihr, ihr Narr?

Phil. Ich brachte den größten Theil meines Lebens in Betrachtung der wunderbaren Wirkungen der Natur zu, und studirte diejenigen Mittel, die der gütige Schöpfer zur Heilung der Krankheiten in die Erde gelegt hat. Wie oft genoß ich das Vergnügen durch einfache Mittel dem armen Landmann seine treue Gattin, dem Vater seinen Sohn, die Stütze seines Alters, wieder zu geben —— Meine erlangten Kenntnisse der Natur lassen mich nun den Schluß machen, daß Ihre Arzeney für diese Gattung von Krankheit nicht

tau=

tauge; ja, daß sie ihr vielmehr schädlich, oder wenigstens unnütz sey.

Cagl. (Dem Lahmen die Flasche aus der Hand reissend, und sie untersuchend.) Kraft meiner übernatürlichen Macht, wird die Arzeney in dem Leibe dieses Kranken seine Natur umkeh=ren. (Giebt dem Lahmen ein Beutel Geld, und stellt ihm die Flasche zurück.) Verschaffet euch, o Unglücklicher mit diesem Gelde die nöthi=ge Bequemlichkeit zur Kur. Du Kaspar hast mir eine falsche Medizin gebracht: dieser Fehler, und mehr andere Ubersehungen von dir nöthigen mich, dich an der Stelle deines Dienstes zu entlassen. Wag es ja nicht mehr, vor mir zu erscheinen — —

Kasp. Euer Excellenz — ich bitte — —

Cagl. Schweig, Elender, sonst sollst du die Wirkung meines gerechten Zorns fühlen — (Zum Philosophen.) Ihr aber einsamer Waldbewohner, und Beobachter der Natur, euch lade ich, zur Uiberzeugung eurer Unwissenheit, und Beschämung euers Mißtrauens, sammt dem Hrn. Doktor Ni=klas, zum Zeugen meiner wundervollen Thaten ein. (Geht mit stolzen Geberden ab.)

Dokt. Einst wird die Welt von mir sagen, Doktor Niklas war würdig, der Begleiter des größten aller Menschen zu seyn. (Ab.)

D 2   Fünf-

Fünfter Auftritt.

Philosoph und Lahmer.

Phil. (Für sich.) Ich bin auf diese Wunderthaten begierig. Allein ich zweifle, daß sie gelingen; und gelingen sie, so ist vielleicht Betrug dahinter. (Zum Lahmen.) Was hat Ihnen mehr Vergnügen gemacht, die Arzeney oder der Geldbeutel?

Lahmer. Die Arzney mag gut seyn; aber der Beutel ist mir jetzt lieber. Ich werde mich im Gasthause etwas zu erhohlen suchen. Ich danke Ihnen für Ihre gegebene Mühe. Auf wiedersehen. (Ab.)

Phil. Ich werde doch von Ihnen hören, was für eine Wirkung dies Mittel gemacht habe?

Lahmer. Das sollen Sie erfahren. (Hinkt freudig ab.)

Sechster Auftritt.

Kaspar und der Philosoph.

Phil. Solcher Mittel bedienet sich der Betrug öfters. Man zeigt diese Menschenliebe gegen Arme, dämit sie solche in der Welt ausposaunen. Die Geldbegierde macht auch, daß sich viele für kurirt ausgeben, obschon sie das Uibel noch im Leibe haben, und sich vielleicht schlechter befinden, als vorher.

Kasp.

Kasp. Er hat Recht, lieber Freund. Das ist meines Herrn seine gewöhnliche Art. Er hat sie von einem Kosmopoliten erlernt, der in der Marktschreyerey sein Lehrer war. Alle seine Reden und Arzeneyen sind gleich viel werth. Überall ist bloßer Betrug. Er schlägt alles über eine Leisten, und heilet mit einer einzigen Medizin alle mögliche Krankheiten, und doch ist ihm das Glück manchmal günstig. Sein Arkanum, das menschliche Leben zu verlängern, die Leute jung, und die alten Weiber wieder schön zu machen, die Verstorben zum Leben zu erwecken, das alles hat ihm unermeßliche Reichthümer zu wege gebracht. Und das ist auch seine einzige Absicht, sein einziger Entzweck seiner Begierden, und Wünsche. Sein Weib hat durch List und Verschlagenheit, und durch seine Reitze, an denen noch jeder Unerfahrne gescheitert ist, zur Erreichung seiner Absichten nicht wenig beygetragen. Diese zwey Leute haben noch jede Nation, wo sie sich niederliessen, in Kontribution gesetzt. Die Pariserschönen haben so gar ihre kostbarsten Geschmeide in das Leihhaus getragen, um sich die Gunst des Grafen und der Gräfinn Cagliostro zu erkaufen. Ich verliere nichts dabey, daß er mich aus dem Dienste gethan hat. Ich habe in seiner Schule so viel gelernt, daß ich mir, ohne eben reich zu werden, ein bequemes Leben verschaffen kann. Ich darf nun nicht länger das elende Lakeyleben führen —— Ja ich werde mich nun an diesem Charlatan zu rä=

rächen wissen, und seine Betrügereyen bey dem hiesigen hochlöblichen Stadtmagistrat anzeigen.

Phil. Das müsset ihr nicht thun. Früh oder spät entdecket sich der Betrug selbst, und empfängt seine Strafe.

Kasp. Ich werde thun, was mir beliebt, Adieu. (Ab.)

Phil. Das ist die Folge von dem Umgange mit bösen Leuten. Das Herz wird hart, und gefühllos gegen die Stimme der Ehre. Indessen bin ich auf den Ausgang der Geschichte begierig. Ich will diese sogenannten Wunderthaten sehen, um dann mein Endurtheil zu fällen, ob ländliche Unwissenheit und Einfalt dem Witz und der städtischen Aufklärung vorzuziehen sey. (Ab.)

Siebenter Auftritt.

Ein grosser ausgezierter Saal, worin fünf Sitze noch Thronart angebracht sind, die stufenweise empor steigen. Sie sind mit schwarzem Atlas überzogen. Der Saal ist prächtig beleuchtet, doch so, daß die Lichter unmerklich verschwinden können.

Gräfin Cagliostro in reizender weisser Kleidung.

Gräf. Dies ist der Augenblick, wo ich mit vier gutherzigen Baslerschönen die einträgliche und berühmte Pariserscene wiederhohlen soll. Ich bin der Neugierde der Pariserdamen den größten Theil

mei=

meines kostbaren Geschmeides schuldig; die Neugierde der hiesigen Schönen soll mir nicht weniger Nutzen bringen. Sie nähern sich — also den magischen Stab in die Hand genommen — Betrug! Betrug! dir empfehle ich mich — Sey meine Stütze, mein Leiter. (Nimmt auf dem Stuhle mit gesetzter Miene Platz.)

Achter Auftritt.

Zwey Figuren treten ein, von denen man nicht weis, ob sie Geister, Männer oder Weiber sind. Darauf folgen die vier Damen im langen weissem Mantelkleide. Jede hat ein gefärbtes Band um den Leib, und jede ist verschleyert. Sie machen ehrfurchtsvolle Verbeugungen, und drücken Erstaunen aus. Beym Eintritt legt jede eine Geldbörse auf ein dazu bereitetes Küßchen hin.

Gräfin.

Staunen oder Verwunderung soll der Anblick dieser Feyerlichkeit in euch nicht erwecken. Entschlossenheit, unerschütterlichen Muth und Standhaftigkeit sind die unnachsichtlichen Erfordernisse, die jeder besitzen muß, der in diese Geheimnisse eingeweihet wird, und an ihren wohlthätigen wunderbaren Wirkungen Theil nehmen will. Furcht bemeistere sich, o Weiber, eurer Seele nicht! Folget der Entschlossenheit so vieler und vieler Mitschwe=

schwestern, die von mir aufgenommen wurden, und jetzt den Augenblick meiner Bekanntschaft segnen, indem sie eine ungestörte Glückseligkeit geniessen: denn weder Krankheit, noch Runzeln, noch graues Alter können je den Glanz der Schönheit aus ihrem Gesichte vertilgen. Noch kann die grausame Parze durch mehrere Jahrhunderte ihren Lebensfaden abschneiden. Sie werden immer in blühender Jugend, und mitten in Freuden und Vergnügen leben. Folget ihrem Beyspiele — — das grosse Werk beginnt. Nehmet Platz. Da ihr bey euerm Eintritte die Geldgabe entrichtet habet, so bleiben euch noch zwey andere Punkte übrig, und diese bestehen darin, daß ihr erstens durch neun Tage von heute angefangen, euch alles Umganges mit Männern enthält, und daß ihr einen Eid ableget, meine Befehle auf das pünktlichste zu vollziehen.

(Die vier Damen stehen auf, nähern sich dem Throne, knieen nieder, legen in die Hände der Gräfin den Eid ab, und nehmen dann wieder ihren Platz.

Gräf. Obschon wir am hellen Tage sind, und die Nacht noch ferne ist, so sind diese Lichter doch zur Feyerlichkeit dieser Handlung nöthig, und die Finsterniß, die nun darauf folgt, ist unentbehrlich zu ihrer Vollendung.

(Die Lichter verschwinden nach und nach.)
Gräf. Holla, man beginne!

(Zwey

(Zwey Mädchen oder Knaben treten ein. Sie sind ganz weiß gekleidet, haben einen bloßen Degen in der Hand, und nehmen aus den Händen der Gräfin rosenfarbe Bänder, mit denen sie die Hände und Beine der vier Damen binden.)

Gräf. Der Zustand, in dem ihr euch jetzt befindet, ist das Sinnbild desjenigen, worinn ihr in der menschlichen Gesellschaft seyd. Die Männer schließen euch von ihren Geheimnissen aus, um euch beständig in den Ketten der Abhängigkeit zu erhalten. In allen Theilen der Welt ist das Weib die erste Sklavin. Von den Serailen des Orients an, wo ein unmächtiger Despot fünf hundert unsers Geschlechtes einsperrt, bis in jene barbarische Länder, wo wir nicht einmal an der Seite eines nur auf Wild ausgehenden, rohen Mannes sitzen dürfen, sind wir von Jugend auf die Schlachtopfer dieser Tyrannen. Wenn wir dieses entehrende Joch abschüttelten, und uns unsrer Rechte bedienten, so würden wir dieses stolze Geschlecht zu unsern Füssen, und um unsre Gunst betteln sehen. Lassen wir sie immerhin ihre blutigen Kriege führen, und das Chaos ihre Gesetze entwickeln! unser Bestreben soll dahin gehen, der Denkungsart die Richtung zu geben, die Sitten zu reinigen, den Geist zu bilden, und überall Geschmack und Empfindsamkeit zu verbreiten. Hat Jemand etwas einzuwenden, der rede frey.

(Die

(Die Damen geben durch Zeichen Ihren Beyfall. Die Gräfin läßt sie los binden.)

Gräf. Eure entflammte Seele wird gern dem Plane beystimmen, der euch zur Freyheit, als dem unschätzbaren Gute der Menschheit führt. Allein mehr als ein Versuch muß euch erst lehren, in wie weit ihr auf euch selbst bauen könnet, und auf diese Proben werde ich es wagen, euch Geheimnisse anzuvertrauen, von denen die Glückseligkeit euers Lebens abhängen wird. Begebet euch jetzt in die hier abgetheilte vier Zimmer. Die schwach genug ist, dem Versuche zu unterliegen, hat den Zutritt auf immer verloren. Der Siegeslorber wartet auf den Uiberwinder.

(Die Damen gehen unter vielen Verbeugungen ab.)

Neunter Auftritt.

Gräfin. (Für sich.) Gehet nur, ihr Schwärmerinnen. Ihr seyd auf immer an meinen Willen gefesselt, und dienet meinen Wünschen. Die in Bereitschaft stehende Bilder, wo Herkules zu den Füssen der Omphale spinnt, Rinald in den Armen der Armida schlummert, Marc=Antonius der Cleopatra dienet und dergleichen, werden ihrer Einbildungskraft schon den Schwung geben. Unser wunderbares Gauckelspiel soll ihren Geist immer mehr erhitzen, und endlich können wir durch eine glücklich ersonnene Unterbrechung un-

sern

fern Zweck erreichen und sie werden, ohne es zu merken, und uns den Vorwurf des Betruges machen zu können, in ewiger Dunkelheit des Geheimnißes bleiben. (Ab.)

Ende der vierten Handlung.

Fünfte Handlung.

Erster Auftritt.

Zimmer.

Telberth, Wilhelmine und Lisette.

Lisette.

Auf mein Wort, Herr v. Telberth, ich habe mit diesen Wunderleuten gesprochen, und vielleicht haben sie schon jetzt ihre wunderbare Operation mit dem alten Herrn vorgenommen.

Wilhelm. Ich selbst habe die Lisette zu Cagliostro geschickt, und ihm die Sache empfehlen lassen.

Zweyter Auftritt.

Der Baron im Hintergrund, ohne bemerkt zu werden, und die Vorigen.

Telb. Hoffen wir das beste. Der Himmel, der die Lauterkeit unsrer Liebe kennt, wird vielleicht bald unsre Wünsche erhören.

Baron. (Für sich.) Ein tugendhafter Liebhaber! Ja der Himmel soll dich erhören.

Wilhelm. Kennete mein Vater Ihr redliches Herz, er würde keinen Augenblick anstehen, mich durch Joren Besitz glücklich zu machen. Als ein kluger Mann wird er einsehen, daß die Vereinigung zweyer liebenden Herzen weit mehr Glückseligkeit gewähre, als aller Reichthum.

Baron. (Für sich.) Du hast Recht meine Tochter, du beschämst mich.

Telb. Glücklich ist das Band, das die Uibereinstimmung zweyer Herzen geknüpft hat, welche die Tugend zu ihrer Führerin wählen.

Baron. (Für sich.) Wie glücklich wird meine Tochter mit diesem Telberth seyn.

Wilhel. Ach, mein geliebter Vater, warum sind Sie nicht zugegen, um Zeuge dieser edlen Denkungsart zu seyn! Gewiß würde sie Ihr Herz rühren. Sie wurden vielleicht selbst unsre Hände in einander legen.

Telb.

Telb. Cagliostro wird bald hier seyn, um die versprochene Geldsumme zu empfangen. Ich zweifle nicht, daß es ihm glücken werde, Ihren besten Vater für uns zu gewinnen.

Baron. (Für sich.) Was höre ich, Cagliostro soll Geld bekommen, um mich zu gewinnen!

Wilh. Ich besorge nur, daß die Vermittlung eines Betrügers wenig fruchten werde — — o könnte ich Sie doch einst meinen Gatten nennen!

Baron. (Zwischen Beyde hervortretend.) Das sollst du noch heute, meine Tochter.

Wilhelmine und Telberth. Himmel! (erschrocken.)

Liset. So eine schöne Gruppe habe ich sobald nicht gesehen.

Baron. Erschrecket nicht, und sorget euch nicht weiter, Kinder. Ihr seyd ein Paar. Ich vereinige euch.

Wilhelm. Die Freude erstickt mich.

Telb. Mir hemmt sie die Zunge.

Wilhelm. Welchen Dank — —

Baron. Kein Wort weiter. Ich mache mein eigenes Glück, indem ich das eurige mache. Ich bedaure nur, daß es nicht eher geschah — — aber sagt mir, sprachet ihr vorher nicht von Geld, daß Cagliostro bekommen soll? Erkläret euch.

Wilhelm. Ich schäme mich, Ihnen diese Entdeckung zu machen.

Liset.

Liset. So will ich es thun. Mit drey Worten — Der Betrüger hat es gegen eine Belohnung von 300 Dukaten auf sich genommen, Euer Gnaden zu bereden; daß der Wahnsinn der Fräule Wilhelmine seinen Sitz in der Liebe habe, und daß es keinen bessern Arzt wieder dieses Uibel gebe, als den Herrn v. Telberth.

Baron. O der eigennützige Bösewicht! — Liebster Telberth. Verstellen Sie sich noch immer gegen Cagliostro. Geben Sie ihm das Geld, und empfehlen ihm Ihr Interesse. Ich werde sehen, wie weit er sich für Sie bey mir verwende. Kurz wir wollen den Betrug vollenden lassen, und öffentliche Beschämung sey dann sein Lohn dafür!

Telb. Ich werde Ihrem weisen Rathe folgen.

Wilhelm. So muß List mit List gefangen werden.

Baron. Meldet mir, was vorfällt — Ich glaube, dort kömmt er. Ich will mich entfernen. (Ab.)

Telb. Nun ist das heitere Wetter nach dem Sturm eingetreten.

Wilhelm. Himmel, nimm in diesen Thränen meinen Dank an.

Liset. Still! Cagliostro kömmt.

Drit=

Dritter Auftritt.

Cagliostro, mit der Gräfin, und die Vorigen.

Cagl. Ich habe den Herrn Baron vorbereitet. Von mir hängt nun seine Einwilligung ab. Ich kann Sie nun im Augenblicke glücklich machen, wenn Sie wollen — Sie verstehen mich — —

Telb. In diesem Beutel sind die 300 Dukaten. Ich sehne mich nach dem glücklichen Ausgang — —

Gräf. Zweifeln Sie nicht, junger Mann. Wir haben das Herz des Baron in unsern Händen.

Cagl. (Den Beutel einsteckend.) Um Sie von meiner Zuneigung gegen Sie, und meinem wohlthätigen Herzen zu überweisen, erlaube ich Ihnen, in kurzen in Tempel meiner Macht zu erscheinen. Dort werde ich Sie in die wichtigsten, verborgensten Geheimnisse einweihen, und indem Sie von den Saft der Unsterblichkeit geniessen, wird Ihre Liebe ewige Dauer haben. Kein Unfall, keine Krankheit soll ihre Glückseligkeit stören — Endlich sollen Sie auch, wenn es Ihnen gefällig, mit Ihren verstorbenen Anverwandten sprechen. Paris war Augenzeuge von diesem Schauspiele. Diese Königinn aller Städte wiederhallt noch jetzt von meinem Lobe — alle Länder, die ganze Erde, und was nur lebt,

lobt,

lobt, schätzet und ehret mich, und eilet zu mir — Auch Ihren Erzeuger werde ich zu dieser Feyerlichkeit einladen, und dann gehe in diesem ehrwürdigen, geheiligten Orte ihre Verbindung vor sich. Zeuge davon sey mein Freund, der Herr Doktor Niklas, und ein ehrlicher, einfältiger Landmann, die ich ebenfalls eingeladen habe.

Gräf. Sie, Wilhelmine, werde ich in meinen Schutz nehmen, und Sie sollen von mir in die Zahl der vornehmsten Damen dieser Stadt, die meine Schülerinnen sind, aufgenommen werden.

Wilhel. Zu viel Güte — —

Liset. Und ich werde nicht eingeladen?

Gräf. Ihr dienende Geschöpfe wisset kein Geheimniß zu behalten, und seyd solcher Wohlthaten nicht würdig.

Liset. Wo Fräulen Wilhelmine ist, da bin auch ich. Sie steht unter meiner Aufsicht.

Wilhel. Ich bereite mich dazu.

Telb. Auch ich. Wir sind Ihre Diener. (Mit Wilhelminen ab.)

Liset. Ihre Dienerin. (Ab.)

Vierter Auftritt.

Cagliostro und Gräfin.

Gräf. Was halten Sie von dem glücklichen Fortgang, den wir bisher in dieser Stadt machten?

Cagl.

Cagl. Für ein Land, wie dieses, ists immer genug gethan. Wir haben bereits eine hübsche Summe Gelds beysammen, aber ich hoffe durch mein kunstvolles Geheimniß die hiesigen Einwohner bald ganz nach meinem Willen zu leiten. Die Neugierde reizt, die Überraschung betäubt, die Pracht reißt hin, und erweckt Ehrfurcht — —

Gräf. Davon habe ich einen neuen Beweis an den vier Damen, die ich eben in meine Schule aufnahm. Sie hielten meine Worte für Orakelsprüche; zeigen die größte Standhaftigkeit, und sind bereit, alles zu thun, was ich aus Laune oder Eigennutz von ihnen fordern sollte.

Cagl. Ich gehe die nöthigen Anstalten treffen. Zugleich werde ich den Baron zur Verbindung des jungen verliebten Paares zu bereden suchen. Glückt mirs, so wächst mein Ruhm; schlägts fehl, so sind die 300 Dukaten wenigstens schon im Sacke. (Ab.)

Gräf. Weiber, eure Hoffart, eure Neugierde, eure Eitelkeit waren bisher und werden auch in Hinkunft das Werkzeug meiner Erhöhung seyn; ohne daß ihr von mir etwas anders gewinnet, als Spott und Verachtung. (Ab.)

E Fünf-

Fünfter Auftritt.

Oeffentlicher Platz.

Der Philosoph von einer, Kaspar in Marktschreiertracht von der a..dern Seite. Der Buklelige und Lahme folgen ihm nebst mehr andern Kranken.

Phil. Bald ist die Stunde da, wo ich ein Augenzeuge von den Wunderthaten des Cagliostro seyn soll; wo man Todte zum Leben erweckt, und den Lebenssaft zu trinken gibt; wo mir die Binde vom Auge fallen, und ich entweder einen übernatürlichen Wundermann, oder ein Ungeheuer von Bosheit und Betrug sehen werde.

Kasp. Wer kauft Medizin, Pflaster und Salben für alle Krankheiten? Herbey, herbey! Ich gebe sie wohlfeil, und besitze ebenfalls das wunderbare Geheimniß des Herrn Grafen v. Cagliostro.

Buckel. Fort, fort, ihr Betrüger! Das auf meinen Buckel aufgelegte Bley hat mir fast die Beine gebrochen. Eher war ich nur buckelig, jetzt werde ich auch noch lahm.

Lahm. Mich Unglücklichen hat die Arzeney des Grafen Cagliostro ganz zu Grunde gerichtet. Die Schmerzen sind noch weit heftiger. Ich war ein grosser Dummkopf eine so weite Reise zu unternehmen —— Könnte ich mich wenigstens an ihm rächen.

Doktor Niklas. (Mit Gravität eintretend.) Zu was dieser Lärm? Ihr Unwürdigen verdienet den Schutz des größten aller Sterblichen nicht ——

Philos. Das Lob nicht übertrieben, Herr Doktor.

Doktor. Eben recht, daß ich euch treffe. Ihr seyd gleich mir von dem grossen, unsterblichen, erhabnen, vortrefflichen Herrn Grafen v. Cagliostro zur Bewunderung, Verehrung und Anstaunung seiner grossen Wunderthaten eingeladen. Ich werde von dem Saft der Unsterblichkeit trinken. O mich Glücklichen! Nur 1000 Dukaten wird mich dieses unschätzbare Gut kosten. Ich werde immer jung bleiben; ich werde der größte Arzt seyn; alle Geheimnisse der Natur werden vor mir offen liegen — Ja, ihr Waldbewohner, auch ihr solltet ein Stück von euern Feldern zu Gelde machen, um von diesem Lebenssaft zu kaufen, und unsterblich zu werden.

Phil. Ich ergebe mich dem Willen des Himmels, und werde so lange leben, als es diesem beliebt. Fordert die Natur ihr Geschenk zurück, so gebe ich es willig her. Ich verlange auch nicht mehr jung zu werden, und sehe es lieber, daß man mich für einen erfahrnen Greise, als für einen leichtsinnigen Jüngling halte.

Dokt. (Den Kaspar erblickend.) Aber was sehe ich, du in dieser Tracht?

Kasp. Ich treibe die Kunst meines vormaligen Herrn, und will mich, gleich ihm, ein wenig bereichern.

Dokt. Ha! Schelm, Betrüger, Bösewicht, Gotteslästerer, Treuloser, du sollst deine Vermessenheit bereuen——— Du sollst in die Ungnade des grossen Cagliostro fallen, und das unglücklichste, verworfenste Geschöpf der Erde seyn. Ich kann den Anblick dieser Greuel nicht länger aushalten. Ich gehe und eile in den Tempel. (Ab.)

(Buckliger, Lahmer, und andere Kranken seiner spottend mit ihm ab.)

Sech-

Sechster Auftritt.

Philosoph und Kaspar.

Phil. Leget diese Maske ab, Freund, und glaubet mir, daß der Betrug früh oder spät gestrafet werde — Noch will ich nicht behaupten, daß Cagliostro ein Betrüger sey, obwohl der Schein sehr wider ihn ist. Ihr aber seyd ein ausgemachter Betrüger; denn ihr prahlet mit einer Wissenschaft von der ihr offenbar nichts verstehet. Folget dem Rathe eines Greises, und ergreifet das Grabscheit, und den Pflug. Zu dieser Arbeit seyd ihr gebohren und gemacht. Auf diese Art erfüllet ihr eure Bestimmung, und erwerbet euch mehr Ehre, als wenn ihr in einer Liverey die Zahl der Tangenichtse vermehret, oder den Leutbetrüger spielet.

Kasp. Freund, ihr redet mir ins Herz — Hinweg mit der Geldsucht! Ich gehe mit euch aufs Land, um dort ein braver, nutzbarer Bauer zu werden, und die Zufriedenheit zu finden, die ich vergebens in der Stadt gesucht habe.

Phil. Ich lobe euern Entschluß — Sobald ich von den Wunderthaten des Cagliostro zurück bin, gehen wir zusammen aufs Land. (Ab.)

Kasp. Ich eile, dieses Kleid des Betruges und der Lüge abzulegen. (Ab.)

Siebenter Auftritt.

Ein prächtig beleuchteter Tempel mit einem Throne, zu dessen Füssen zwey Diener mit Rauchgefässen stehen, aus denen Wohlgerüche empor steigen. Eine grosse, weisse durchsichtige Figur hält ein Gefäß in der Hand, worauf die Worte stehen: **Elexir der Unsterblichkeit.** Man sieht gegenüber einen grossen Spiegel, bey dem eine majestätische Figur vorüber geht. Auf dem Spiegel stehen die Worte: **Aufenthalt der herumirrenden Seelen.** Seitwärts steht eine prächtig für viele Menschen gedeckte Tafel, mit ihren Stühlen herum, und einem erhabnern Sitze in der Mitte.

Cagliostro in rother, römischer Heldentracht, mit einem weissen Mantel, den einen Arm mit Schwarz bedeckt, die Beine und den rechten Arm entblößt, die Haare fliegend, und auf der Brust einen glänzenden Kreis.

 Cagl. Diese überraschende, geheimnißvolle Erscheinung betäubt die Sterblichen, ihr Geist erhebt sich zur neugierigen Auslegung eines solchen Geheimnisses, und erregt in ihnen den Wunsch, eben diese erhabene Wunderkraft zu besitzen, die sie im Ernste in meiner Gewalt glauben. Diese Eindrücke begünstigen meinen Plan, der auf Reichthum und Ehrgeitz gerichtet ist. Sie nähern sich, die Leichtgläubigen. Man benütze ihr Schwäche, Betrug und Verstellung stehet mir zur Seiten. (*Läßt sich mit Majestät auf dem Throne nieder.*)

Achter Auftritt.

Die Gräfin in prächtiger himmelblauer Kleidung mit diamantenen Sternen besetzt, und die vier Damen, die dem Cagliostro in Demuth ihre Verehrung bezeugen. Die Gräfin nimmt eine Stufe tiefer neben Cagliostro Platz, und die Damen neben ihr. Nach und nach kommen, Wilhelmine, Telberth, Lisette und der Baron. Der Philosoph grüßt beym Eintritt die Gesellschaft, setzt aber den Hut wieder auf, und beobachtet. — Doktor Niklas mit lächerlichen Geberden der Demuth und Verehrung.

Cagl. Obwohl nach den Grundgesetzen zur Theilnehmung an dem grossen Geheimnisse, und übernatürlichen Erkenntniß grosser Dinge kein Weib, mit Ausnahme meiner grossen Gattinn, zugelassen wird, und die Candidaten rein wie Sonnenstrahlen, und selbst frey von Verläumdung seyn sollen; obschon sie weder Weib noch Favorite, noch Einkünfte über 20000 Gulden haben dürfen, so bin ich doch aus Liebe zu euch von diesem Grundgesetze abgegangen, und erlaube den Weibern und euch allen Theil an diesen Gaben zu nehmen. Das menschliche Leben bis zum Alter unsrer ersten Väter zu verlängern, ist die größte Glückseligkeit der Erde. Wie freute es mich, daß ich bey der Erbauung Roms zugegen war; daß ich so viele blutige Schlachten sah, und mit so vielen Monarchen Umgang pflegte. Was für eine Glückseligkeit, die wichtigsten Ereugnisse entfernter Jahrhunderte voraus zu sehen! Und doch gehört sehr wenig dazu, diese größte aller Wissenschaften zu erlangen, welche der Weiseste aller Weisen in gelehrten Folianten beschrieben hat, die aber verloren gegangen sind. In ihnen entdekte ich die Kunst, sich wieder zu ver=

un=

jüngen; aus ihnen lernte ich, daß es leicht sey, aus der Quinteſſenz verſchiedner aromatiſcher Kräuter einen himmliſchen, übernatürlichen Saft zu ziehen, der die feſten und flüßigen Theile unſers Körpers in beſtändigem Gleichgewichte erhält, und ſie vor ihrer Auflöſung ſchützt. Wie viele habe ich mit einem einzigen Tropfen dieſes göttlichen Elexirs der Senſe des Todes entriſſen. Zu glücklich wäre das Loos der armen Menſchheit, wenn dieſe Bücher noch exiſtirten. Betet in Demuth die Vorſehung an, die nur wenigen das Glück eines verlängerten Lebens ertheilte — — Auf alſo! jeder trage ſein Verlangen vor.

Dokt. Ich rufe den groſſen Gott der Wahrheit an, daß ich nur eines von den 14700 Geheimniſſen verlange: die Sie, groſſer Graf, beſitzen, und daß ich dafür lebenslänglich ein Sklave, Fortpflanzer und Martyrer Ihres Syſtems ſeyn wolle.

Phil. (Für ſich.) Gröſſern Unſinn habe ich in meinem Leben nicht gehört.

Liſet. (Für ſich.) Wir wollen doch ſehen, ob es der Wundermann errathe, daß Wilhelmine und Telberth bereits verlobt ſind.

Baron. (Zu Cagl.) Ich verlange von Ihnen die Geneſung meiner Tochter, die ich in dieſer Abſicht, mit hieher führte.

Telb. Und ich wünſche den erlaubten Beſitz des Gegenſtandes, den ich anbethe.

Gräf. Ich bitte Sie, im Nahmen meiner Schülerinnen, daß Sie ihnen Ihren Schutz angedeyen laſſen.

Cagl. Und was verlangt dieſer philoſophiſche Sonderling von uns?

Phil. Nichts, gar nichts mein Herr. Ich bin mit dem Stande zufrieden, in den mich das Schickſal verſetzt hat, und glaubte die Vorſicht

zu

zu beleidigen, wenn ich mir was Bessers wünschte — —

Cagl. (Zum Doktor.) Würdiger Freund, nicht nur ein Geheimniß, sondern alle sollet ihr besitzen. Ich wähle euch zu meinem beständigen Gefährten.

Doktor. Ich fasse mich kaum mehr vor Freude.

Gräf. Bevor ihr theürster Gemahl, die grosse Handlung beginnet, und eure Gaben austheilet; bevor ihr Ihnen den Göttertrank der Unsterblichkeit zu schmecken gebet, und sie an der Seite ihrer liebsten verstorbenen Freunde speisen lasset, fordert es die Feyerlichkeit dieser Handlung, daß ihr Wilhelminen ihre Gesundheit, dem Baron seine Tochter, und dem Telberth die verlangte Glückseligkeit gewähret.

Cagl. Da ich in die geheimste Wege der Vorsehung dringe, und jederzeit geneigt bin, diejenigen mit Wohlthaten zu überhäufen, die sich darum verdient gemacht haben, so versichere ich euch, Baron v. Oblingher, daß eure Tochter genesen werde, sobald ihr Sie mit Telberth verbindet. Ihr aber Telberth werdet in dieser Verbindung eure verlangte Glückseligkeit finden. Euch Wilhelminen aber kehre durch dieses Eheband euer voriger Verstand zurück — Und ihr alle danket dieses Glück meiner Güte.

Baron. Es ist Zeit dem Betruge die Larve abzuziehen. Sie sind ein elender Betrüger. Ich weiß alles; nicht Menschenliebe war es, die Sie für meine Tochter interessirte. Die 300 Dukaten, die Sie von Telberth erhielten, bewogen Sie, das Wunder zu thun. Wissen Sie also, daß Telberth und Wilhelmine bereits verlobt sind, und daß sie Ihrer Wunderkraft nicht mehr bedürfen. Und da ich in meinem Hause weder Betrüger, noch Lügner leide, so trachten Sie

dar=

daraus mit Ihrer unsterblichen Gemahlinn wegzukommen. Ich will nicht, daß meine Wohnung zu einem Tempel des Betruges und des Lasters diene.

Cagl. (Für sich.) Ich bin verloren.

Gräf. (Für sich.) Was für ein fataler Streich.

Liset. (Für sich.) Eine herrliche Scene.

Phil. (Für sich.) Eine herrliche Lektion für Betrüger.

Dokt. (Für sich.) Himmel! so eine Beleidigung gegen das Muster der Frömmigkeit und Tugend!

Letzter Auftritt.

Kaspar als Bauer, der Buckelige, der Lahme, mehrere Kranke, und dann ein Gerichtsdiener.

Kasp. Dank sey es diesem ehrlichen Landmanne, daß ich endlich meine Augen geöffnet, und Recht von Unrecht einsehen lernte. (Zu Cagl.) Ich bin weder mehr ein Diener noch Verehrer von Ihnen. An diesen Mann hier (auf den Philosophen deutend) halte ich mich; der wird mich zu einer Zufriedenheit führen, die Sie den Leuten beständig vormahlen, aber nicht kennen. Wollen Sie meinem Rathe folgen, so steigen Sie von ihrem betrügerischen Throne herab, und gehen mit mir aufs Land, wo Sie durch die Bebauung der Erde dem Menschengeschlechte weit nützlicher seyn können, als durch alle Ihre Wunderelexire. Die Frau Gräfin soll auch ihren im Monde erhaltenen Titel ablegen, und uns die Speisen zubereiten.

Cagl. Bösewicht!

Gräf. Nichtswürdiger!

Buckel. Ich bekomme wenigstens die Genugthuung, daß ich ihn beschämt sehe.

Ein Gerichtsdiener. Auf höchsten Befehl muß ich Ihnen, bey Strafe der Verhaftnehmung, hiemit andeuten, daß weder Sie, noch Ihre Gemahlinn, sich mit Heilung der Kranken bemengen, noch sonst geheime Zusammentretungen halten, sondern sich vielmehr, sobald möglich, aus dieser Stadt hinwegbegeben. (Ab.)

Cagl. Arme Unschuld, so wirst du verfolgt. Das ist der Lohn für meine Wohlthaten. Ich werde reisen — ja, ich werde abreisen, ihr Undankbare! Doktor Niklas, Sie begleiten mich nach Roveredo. Du aber unglückliches Baslervolk, erbebe und zittere vor meinem gerechten Zorn. (Ab.)

Gräf. Ewig verabscheut sey von mir der Nahme dieser Stadt. Ich gehe, um meine Wohlthaten unter einem würdigern Himmelsstrich auszuspenden. (Ab.)

Dokt. Ich folge euch. Lebe wohl, undankbares Vaterland.

Baron. Danken wir es der Vorsicht, die uns von diesen Betrügern befreyte.

Wilhelm. Dieser Tag des Schreckens hat sich für mich in einen Tag der Freude verwandelt.

Telb. Der entdeckte Betrug ist neuer Sporn zur Tugend.

Liset. Ich kenne mich vor Freude nicht.

Phil. Ich habe vor meinem Ende noch das Vergnügen erlebt, ein Zeuge des entlarvten Betruges gewesen zu seyn.

Kasp. Ich reise mit euch aufs Land.

Phil. Möchte die Welt durch das Beyspiel des Cagliostro doch klüger werden, und sich vor allen solchen Wundermännern in Acht nehmen. Der wahre Weg zu Ehre und Reichthum, sind Redlichkeit, Ehrlichkeit und gute Sitten. (Ab.)

E N D E.